APPRENTIS LECTEURS

FÊTES

LA JOURNÉE DU 1ER AVRIL

D1385671

Melissa Schiller

Texte français de Nicole Michaud

Éditions
SCHOLASTIC

Catalogage avant publication de Bibliothèque
et Archives Canada

Schiller, Melissa
La journée du 1ᵉʳ avril / Melissa Schiller;
texte français de Nicole Michaud.

(Apprentis lecteurs. Fêtes)
Traduction de : April Fool's Day.
Comprend un index.
Niveau d'intérêt selon l'âge : Pour enfants de 5 à 8 ans.

ISBN 978-0-545-99585-6

1. Jour du poisson d'avril--Ouvrages pour la jeunesse. I. Titre.
II. Collection.

GT4995.A6S3514 2008   j394.262   C2007-906007-2

Conception graphique : Herman Adler Design
Recherche de photos : Caroline Anderson

La photo en page couverture montre une fillette qui joue un tour
à un camarade de classe.

Édition publiée par les Éditions Scholastic,
604, rue King Ouest, Toronto (Ontario) M5V 1E1.

6 5 4 3 2   Imprimé au Canada 120   11 12 13 14 15

Fêtes-tu la journée
du poisson d'avril?

Avril 2008

Dimanche	Lundi	Mardi	Mercredi	Jeudi	Vendredi	Samedi
		1	2	3	4	5
6	7	8	9	10	11	12
13	14	15	16	17	18	19
20	21	22	23	24	25	26
27	28	29	30			

La journée du poisson d'avril est le 1er avril.

Ce jour-là, on prend plaisir à jouer des tours à ses amis.

Les plaisanteries du 1er avril
ne visent pas à faire de la peine.

Les meilleures sont celles qui
font rire tout le monde.

En France, il y a bien longtemps, les fêtes du Nouvel An commençaient le 25 mars. Elles duraient huit jours et finissaient le 1ᵉʳ avril.

Mars 2008

Dimanche	Lundi	Mardi	Mercredi	Jeudi	Vendredi	Samedi
						1
2	3	4	5	6	7	8
9	10	11	12	13	14	15
16	17	18	19	20	21	22
23	24	25	26	27	28	29
30	31					

Avril 2008

Dimanche	Lundi	Mardi	Mercredi	Jeudi	Vendredi	Samedi
		1	2	3	4	5
6	7	8	9	10	11	12
13	14	15	16	17	18	19
20	21	22	23	24	25	26
27	28	29	30	31		

Les gens se rendaient visite et échangeaient des cadeaux.

Quand le calendrier a été modifié, le premier jour de l'année est devenu le 1er janvier.

On appelait « Poisson d'avril » toute personne qui fêtait encore le Nouvel An le 1er avril.

En France, le 1er avril s'appelle le jour du poisson d'avril.

Les enfants accrochent un poisson de papier au dos de leurs amis. Quand le poisson est découvert, ils crient : « Poisson d'avril! »

Le jour du poisson d'avril est fêté depuis près de 200 ans au Canada et aux États Unis.

Les enseignants jouent aussi le jeu. Ils disent en montrant le ciel : « Regardez! Une volée de castors! »

Si quelqu'un lève les yeux, tout le monde s'écrie : « Poisson d'avril! »

En Angleterre, les plaisanteries se font le matin. On dit que jouer des tours l'après-midi porte malheur.

On appelle la victime d'une plaisanterie une « nouille ».

17

En Écosse, on dit que la victime d'une plaisanterie est un « coucou d'avril ».

Au Portugal, on fête la journée du poisson d'avril un dimanche.

C'est l'occasion de lancer de la farine à ses amis!

Partout dans le monde, les gens peuvent échanger des blagues par courriel.

C'est excitant de recevoir des messages amusants le jour du 1er avril.

Les journaux aussi fêtent la journée du 1er avril.

Ils publient des articles insensés.

As-tu lu l'article sur les cochons volants?

Poisson d'avril!

24

Le jour du poisson d'avril, on fait parfois les choses à l'envers.

On peut commencer par le dessert, puis s'écrier : « Poisson d'avril! »

Le jour du poisson d'avril peut être très amusant!

27

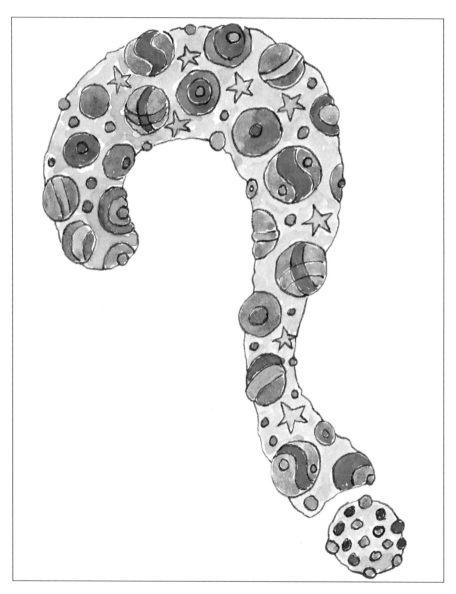

Comment fêtes-tu le 1er avril?

Les mots que tu connais

article

coucou

dessert

courriel

cadeaux

plaisanteries

nouille

poisson d'avril

Index

Références photographiques